Estresse no Comportamento de Escolha do Adolescente

FUNDAÇÃO EDITORA DA UNESP

Presidente do Conselho Curador
Herman Jacobus Cornelis Voorwald

Diretor-Presidente
José Castilho Marques Neto

Editor-Executivo
Jézio Hernani Bomfim Gutierre

Conselho Editorial Acadêmico
Alberto Tsuyoshi Ikeda
Célia Aparecida Ferreira Tolentino
Eda Maria Góes
Elisabeth Criscuolo Urbinati
Ildeberto Muniz de Almeida
Luiz Gonzaga Marchezan
Nilson Ghirardello
Paulo César Corrêa Borges
Sérgio Vicente Motta
Vicente Pleitez

Editores-Assistentes
Anderson Nobara
Henrique Zanardi
Jorge Pereira Filho

PATRÍCIA BERGANTIN
SOARES PAGGIARO

Estresse no comportamento de escolha do adolescente

Intervenção em orientação profissional

Coautora
Sandra Leal Calais

© 2011 Editora UNESP

Direitos de publicação reservados à:
Fundação Editora da UNESP (FEU)

Praça da Sé, 108
01001-900 – São Paulo – SP
Tel.: (0xx11) 3242-7171
Fax: (0xx11) 3242-7172
www.editoraunesp.com.br
www.livraria.unesp.com.br
feu@editora.unesp.br

CIP – Brasil. Catalogação na fonte
Sindicato Nacional dos Editores de Livros, RJ

P152e

Paggiaro, Patrícia Bergantin Soares

Estresse no comportamento de escolha do adolescente: intervenção em orientação profissional / Patrícia Bergantin Soares Paggiaro ; coautora Sandra Leal Calais. São Paulo : Editora Unesp, 2011.

Inclui bibliografia
ISBN 978-85-393-0126-3

1. *Stress* (Psicologia).   2. *Stress* em adolescentes.
3. Orientação profissional.   4. Escolha (Psicologia).
5. Processo decisório.   I. Calais, Sandra Leal.   II. Título.

11-2733 CDD: 158.6
CDU: 159.9:331.548

Este livro é publicado pelo projeto *Edição de Textos de Docentes e Pós-Graduados da UNESP* – Pró-Reitoria de Pós-Graduação da UNESP (PROPG) / Fundação Editora da UNESP (FEU)

Editora afiliada:

Asociación de Editoriales Universitarias
de América Latina y el Caribe

Associação Brasileira de
Editoras Universitárias

SUMÁRIO

Apresentação   7
Introdução   9

1 A pesquisa   19
2 Discussão   37
3 Conclusões   59

Referências bibliográficas   67

Apresentação

A escolha profissional tem assumido importante papel na vida dos jovens, dado que o trabalho
contribui para a construção da identidade do ser
humano.

Essa escolha é multifatorial e bastante complexa,
pois envolve a avaliação de fatores políticos, econô-
micos, sociais, educacionais, familiares e psicológicos. Como se não bastasse a dificuldade da escolha,
o exame para o ingresso na faculdade – o vestibular –
é visto como um rito de passagem e marca o encer-
ramento do ensino médio. Essa transição exerce
grande pressão sobre o jovem em uma época frequentemente acompanhada pelo medo do fracasso
ou das consequências de escolhas malsucedidas.

No Brasil, o vestibular e a escolha profissional são considerados grandes estressores entre os alunos, favorecendo o desenvolvimento do estresse naqueles indivíduos mais vulneráveis. Os estudantes de ensino médio, além de vivenciarem uma fase do desenvolvimento que traz muitas modificações corporais e psicológicas, ainda têm de optar corretamente para não tomarem uma decisão que trará implicações futuras não desejadas.

Este livro pretende mostrar a eficácia de uma intervenção em grupo para alunos do ensino médio prestes a se inscrever no vestibular. Além do efeito da intervenção, investigou-se a relação entre o estresse e o comportamento de escolha profissional do adolescente, assinalando as interferências nessa tomada de decisão.

INTRODUÇÃO

A escolha de uma profissão é algo recente, pois durante muito tempo ela foi determinada pela posição social ou pela família a que o indivíduo pertencia. Até o século XVIII, os ofícios eram transmitidos de pai para filhos, mantendo, dentro das relações familiares, o domínio do conhecimento necessário para o trabalho (Whitaker, 1997).

Com o aumento da industrialização no final do século XIX, outras formas de ocupação surgiram. A nova realidade socioeconômica proporcionava a possibilidade de escolha profissional, e o indivíduo passou a negociar seu meio de sobrevivência. O conceito de trabalho mudou objetivando não mais a satisfação do trabalhador, mas a produção para o mercado, visando à possibilidade de lucro (Neiva, 1995).

Com o crescimento da diversidade de profissões, surgiram cursos de especialização para que o indivíduo desempenhasse adequadamente as novas funções e aumentasse a possibilidade de ingresso no mercado de trabalho. A crescente exigência de eficiência profissional a fim de atender à demanda industrial tornou mais complexo o momento da opção profissional para os jovens (Sparta, 2003).

Nesse sentido, quando há oportunidade de escolha entre diversas alternativas ocupacionais, surge consequentemente a necessidade de orientar indivíduos quanto à sua opção.

A psicologia iniciou seus estudos para a compreensão do comportamento de escolha profissional, enfatizando seus efeitos na fase de desenvolvimento da adolescência. Há diferentes abordagens sobre o comportamento de escolha para tentar explicar o processo de tomada de decisão. No entanto, a orientação profissional, sob o enfoque da análise do comportamento, foi escolhida como base deste estudo por entender que ela preenche algumas lacunas de outras abordagens.

Segundo a análise do comportamento, escolher ou tomar uma decisão é um comportamento operante e, portanto, pode ser ensinado e aprendido, resultado do processo de aprendizagem de habilidades e de resolução de problemas (Moura, 2004).

O processo de tomada de decisão da carreira inicia-se pela exploração das opções e do reconhecimento de que é necessário escolher até que haja comprometimento com a seleção de algumas delas. Para avançar dessa fase de exploração para a de compromisso, é essencial a identificação de variáveis ambientais e de autopercepção (Germeijs; Verschueren, 2006), que muitas vezes não é possível de ser alcançada sem a ajuda de um profissional.

Soares (2002) avalia que muitos jovens brasileiros escolhem precocemente suas profissões apenas para não perder a oportunidade do vestibular, mas frequentemente estão inseguros com essa escolha. No Brasil, essa escolha é ditada pelo tempo externo, isto é, os jovens são prematuramente pressionados a realizar suas inscrições nos processos seletivos.

Diante da multiplicidade de profissões, de áreas de estudo e de cursos e das constantes transformações do mercado de trabalho e das novas tecnologias, muitas vezes os jovens sentem-se coagidos (Nascimento, 2004). A isso se adicionam os aspectos maturacionais e de ordem psicológica que provocam conflitos no adolescente, que pode apresentar sintomas de estresse.

Calais, Andrade e Lipp (2003) consideram que o vestibular é um estressor de grande porte para os jovens, pois a incidência maior de manifestação do estresse aparece no período de preparo para o vestibular. A habilidade em lidar com o estresse e a ansiedade talvez seja um elemento importante para o sucesso na prova, provavelmente até mais do que a habilidade acadêmica ou o conhecimento. Assim, conhecer como o estresse se manifesta neste grupo é necessário para planejar e promover ações que auxiliem em seu manejo.

Kohan (2004) relata problemas de estresse em estudantes que têm dificuldade em escolher uma carreira. De acordo com sua experiência, o estresse impede que o jovem perceba claramente a necessidade de orientação e informação, afetando a capacidade de concentração, o sono e a continuidade dos estudos. Para a autora, quanto maior a dificuldade de seleção profissional, maior a insegurança, que se manifesta em sintomas de estresse.

Segundo Lipp (2000, 2003), o estresse é uma reação do organismo com componentes psicológicos, físicos e hormonais, que surge quando há necessidade de o indivíduo se adaptar a um evento novo ou a uma situação desconhecida.

O processo de estresse é representado por Selye (1956) por meio de um modelo trifásico constituído por: fase de alerta, fase de resistência e fase de exaustão. O estudo realizado por Lipp e Malagris (2001) identificou uma fase intermediária e foi proposto, assim, um modelo quadrifásico de estresse, com o acréscimo da fase de quase exaustão.

A fase de alerta, estágio inicial e positivo do estresse, caracteriza-se pela reação do sistema nervoso simpático quando o organismo percebe um elemento estressor e estimula a produção de dopamina e de adrenalina, fazendo com que o indivíduo tenha maior produtividade, seja mais criativo e esteja mais atento. Até esta fase, com produção em dose moderada daqueles neurotransmissores, o estresse produz efeitos benéficos.

Se a fase de alerta é mantida por períodos prolongados ou se aparecem novos estressores, o organismo tenta impedir o desgaste total de energia e passa à fase de resistência, com sensação de desgaste generalizado e dificuldades de memorização.

A fase de quase exaustão apresenta um indivíduo bastante vulnerável física e psicologicamente, em que a tensão se sobrepõe à resistência física. A ansiedade aumenta, afetando os mecanismos imunológicos e tornando o indivíduo mais suscetível a contrair doenças leves.

A última fase, a de exaustão, é o estágio mais negativo e patológico do estresse. Nesta etapa, o indivíduo não consegue se concentrar e/ou trabalhar e as consequências podem ser a depressão, o envelhecimento precoce, a ansiedade, além de dificuldades sexuais. Há casos raros de desenvolvimento de doenças sérias, inclusive com morte súbita.

O estresse produzido por um evento estressor forte demais ou de longa duração, além do esgotamento físico e psicológico (com baixa produtividade intelectual e profissional), pode, dependendo da intensidade, da duração, da vulnerabilidade do indivíduo e da habilidade de administrá-lo, levar a um desgaste geral do organismo.

O mundo do trabalho está mais complexo e competitivo e exige dos jovens investimentos cada vez maiores para que se sobressaiam em suas carreiras. A árdua disputa por poucas vagas em universidades públicas torna mais longo e conflituoso o período de preparação para o ingresso no curso escolhido. Sabendo que o trabalho é visto como meio de satisfação de diversas necessidades humanas (como autorrealização, manutenção de relações interpessoais e sobrevivência), a atuação profissional pode ser prazerosa, mas também causa de doenças quando o trabalhador não consegue se proteger do estresse (Murta; Troccoli, 2004).

A má escolha profissional e a insatisfação com o trabalho podem fazer com que os indivíduos sofram com a falta de motivação e até desenvolvam doenças psicofisiológicas. Quando a opção errada é identificada tardiamente (após superar os vestibulares, o curso na faculdade e a entrada no mercado de trabalho), a mudança profissional demanda tempo, investimento e coragem. O Brasil apresenta um alto índice de evasão das universidades, muitas vezes causada por escolhas imaturas e desmotivação do estudante durante sua trajetória acadêmica ou durante o exercício da profissão (Levenfus, 2002).

Essa insatisfação com o trabalho pode favorecer o aparecimento da Síndrome de Burnout, uma resposta ao estresse laboral com manifestações emocionais, físicas e comportamentais. Entre os sintomas emocionais mais comuns, destacamos a falta de realização pessoal, a tendência a avaliar o próprio trabalho de forma negativa e a impotência sexual.

Notam-se também, entre as manifestações físicas, a fadiga crônica, as dores de cabeça, os distúrbios do sono, a hipertensão arterial e as alergias. Por fim, observam-se também transtornos comportamentais como conduta evitativa, consumo excessivo de café, de álcool ou de drogas, absenteísmo, baixo rendimento pessoal, irritabilidade e agressividade (González-Romá et al., 2006).

Neste sentido, a orientação profissional interfere positivamente na vida dos indivíduos, oferecendo-lhes novos padrões e novas formas de enfrentamento diante de dificuldades. Parece existir um consenso sobre a definição da orientação profissional que tem por objetivo facilitar o processo de escolha, instrumentalizando o indivíduo para identificação de características pessoais, valores e condições sociais (Lucchiari, 1993).

O processo de orientação profissional (Pinheiro; Medeiros, 2004) deve ser visto tanto como um espaço de troca e reflexão sobre a escolha da profissão como uma oportunidade para que o jovem amadureça sua tomada de decisão e amplie seu repertório de escolha. A intervenção, seja ela individual ou grupal, é ampla e deve promover o autoconhecimento, auxiliar na formação da identidade profissional e favorecer a elaboração do projeto de vida do adolescente de modo responsável e consciente.

De fato, Carmo e Costa (2005) comentam que entre adolescentes que participaram de um programa de orientação profissional, 34,5% consideraram que o processo facilitou a tomada de decisões. Moura et al. (2005) demonstram que o programa de orientação profissional avaliado por eles apresentou altos índices de satisfação dos jovens e eficácia na promoção de mudanças comportamentais, com melhora (e este parece ser o resultado mais relevante) na capacidade de tomar decisões.

Embora a publicação de artigos teóricos e pesquisas científicas sobre orientação profissional no Brasil tenha aumentado significativamente a partir da década de 1990, ainda há poucos autores que se dedicam a essa temática. A maioria das publicações atuais enfatiza os instrumentos utilizados na intervenção da orientação e não se preocupa com o comportamento de escolha e as variáveis envolvidas (Noronha; Ambiel, 2006).

A *intervenção em orientação profissional* pode ser um importante recurso para prevenção de estresse imediato e futuro em experiências aversivas. O estudo de Melo-Silva (2005), com ex-participantes dos programas de orientação profissional atendidos por um período de sete anos, buscou identificar os benefícios ao longo da vida ocupacional, sinalizando a eficácia do processo de decisão profissional na vida desses sujeitos.

O tema do presente livro foi selecionado por verificar que pouco se menciona sobre a multifatoriedade do comportamento de escolha e de suas possíveis consequências aversivas na fase da adolescência. Dúvida, estresse e insegurança são exemplos de possíveis implicações da escolha e que poderiam ser amenizadas se houver maior embasamento científico.

1
A PESQUISA

Objetivos

Nossa pesquisa buscou analisar a eficácia de uma intervenção psicológica em orientação profissional relacionada à presença de estresse e ao comportamento de decisão profissional. O trabalho avaliou adolescentes do terceiro ano do ensino médio que participaram ou não do estudo piloto. Os objetivos específicos foram:

— descrever o repertório do comportamento de escolha profissional anterior à intervenção no processo de orientação profissional e compará-lo com o comportamento depois da intervenção;

- identificar a fase e a sintomatologia do estresse dos participantes anterior e posteriormente à intervenção em orientação profissional;
- relacionar a fase de estresse que o adolescente apresenta e seu comportamento de escolha antes e depois uma intervenção em orientação profissional;
- comparar o estudo piloto anterior (realizado no segundo ano do ensino médio) com a intervenção no terceiro ano, no que diz respeito à fase de estresse e ao comportamento de escolha do adolescente.

Método

Participantes

A pesquisa foi realizada com 41 alunos do terceiro ano do ensino médio matriculados em escola particular, em uma cidade do interior do estado de São Paulo. Os alunos foram divididos em três grupos compostos por ambos os sexos, a saber:

- Grupo Controle (GPC): composto por 15 jovens (9 do sexo feminino e 6 do sexo masculino) que não se submeteram à intervenção em orientação profissional;

– Grupo Comparativo (GPCO): composto por 15 adolescentes (9 do sexo feminino e 6 do sexo masculino) que participaram do programa piloto de orientação profissional oferecido pela escola no ano anterior, quando ainda cursavam o segundo ano do ensino médio;

– Grupo Experimental (GPE): composto por 11 jovens (5 do sexo feminino e 6 do sexo masculino) do terceiro ano do ensino médio e que foram submetidos à intervenção em orientação profissional.

Material

– *Ficha de Identificação do Participante*: dados pessoais do participante.

– *Inventário de Sintomas de Stress para Adultos de LIPP (ISSL)* (2000): instrumento que tem por objetivo conhecer a sintomatologia do estresse do indivíduo e em que fase se encontra. O ISSL é composto por três quadros que avaliam as quatro fases do estresse (alerta, resistência, quase exaustão e exaustão). O primeiro quadro possui quinze itens referentes a sintomas experimentados nas últimas 24 horas. O segundo quadro é composto de quinze itens referentes aos sintomas experimentados na última semana, e o terceiro quadro contém 23 itens referentes aos sintomas experimentados no último mês. Pode ser aplicado em pessoas acima de quinze anos.

— *Ficha de Informações sobre Escolha*: adaptação do instrumento pré e pós-intervenção proposto por Moura (2004). Contém treze questões, sendo nove questões abertas e seis fechadas, com variáveis que descrevem o comportamento de escolha profissional. Se não há mais explicações sobre ela, é melhor que se comente sobre quem na família tem a mesma profissão, quando o aluno começou a se preocupar com a profissão etc.

Procedimento

O programa de orientação profissional foi apresentado nas duas classes do ensino médio da escola, e os alunos foram informados sobre a quantidade máxima de participantes por grupo, sobre o número e a duração das sessões, além dos objetivos que comporiam o trabalho de cada grupo. Foi esclarecido aos interessados que a inscrição não garantiria a participação de todos no GPE, uma vez que alguns alunos poderiam ser selecionados para compor o GPC.

O GPCO seria composto apenas por alunos que já haviam participado do programa no ano anterior, quando cursavam o segundo ano do ensino médio. Esses jovens não poderiam inscrever-se para participar do GPE por já terem frequentado os encontros. Dessa maneira, nenhum dos estudantes sofreu mais do que uma intervenção.

Como garantia ética às dificuldades psicológicas apontadas na coleta de dados, foram oferecidas aos estudantes intervenções específicas após o término das sessões de orientação profissional. Ao GPC foi estabelecida a mesma proposta de intervenção do GPE. No GPCO e no GPE, foram propostos atendimentos individuais àqueles que almejavam confirmar sua escolha. Aos participantes com alto nível de estresse, foram disponibilizadas orientações individuais com o intuito de amenizar a sintomatologia indicada.

Os interessados deveriam inscrever-se na secretaria da escola, onde foram deixadas duas listas: uma para alunos que nunca participaram de programa de orientação profissional e que foram divididos randomicamente em dois grupos, GPC e GPE; a segunda lista compreendia os alunos que haviam passado por programa piloto de orientação profissional durante o segundo ano do ensino médio e comporiam o GPCO. No ato da inscrição, os alunos recebiam o Termo de Consentimento Livre e Esclarecido para que os responsáveis autorizassem a participação do jovem na pesquisa.

Os participantes foram submetidos, inicialmente, a todos os instrumentos e, após a intervenção no GPE, foram instados a responder novamente ao ISSL e à Ficha de Informações sobre Escolha.

Com o GPE foram realizadas semanalmente dez sessões de orientação profissional, cada uma com duração de uma hora e quarenta minutos. Nelas foram abordados conteúdos sobre mercado de trabalho, habilidades e interesses pessoais, influências diretas e indiretas, informações gerais sobre as carreiras, as universidades e os testes vocacionais. No último encontro, os participantes avaliaram o programa.

Resultados

A eficácia da intervenção foi avaliada por meio da comparação dos escores dos grupos que se submeteram à intervenção com os escores do GPC. Nos resultados do Inventário de *Stress* foram verificados os escores correspondentes ao nível e à fase de estresse e, a partir deles, atribuídas as percentagens.

Os resultados da Ficha de Informações sobre Escolha foram analisados diferentemente. As questões fechadas foram quantificadas e atribuídas percentagens a elas. As questões abertas foram tabuladas por meio do procedimento de análise temática, que pressupõe o estabelecimento de classes de respostas para serem analisadas e quantificadas posteriormente (Minayo, 1998).

Os dados foram submetidos a tratamento estatístico, sendo utilizados dois testes. O teste de Igualdade de Duas Proporções, não paramétrico, foi empregado para a comparação entre os grupos Controle, Comparativo e Experimental. O segundo teste, o Qui-Quadrado, também um teste não paramétrico, foi utilizado para verificar se duas variáveis e seus níveis possuem ou não uma dependência (associação) estatística; neste sentido, foram comparadas as variáveis de estresse e alguns componentes do comportamento de escolha.

De acordo com os dados normativos do ISSL, 65% dos participantes apresentaram estresse na pré-intervenção, contra 46,3% na pós-intervenção. Os resultados dos grupos na pré e pós-intervenção foram respectivamente: GPC, 64,2% x 40%; GPCO, 73,3% x 53,3%; e GPE, 40% x 33,3%. Esses números indicam que os participantes do GPE iniciaram e terminaram a intervenção com menos estresse que os demais grupos.

Em relação ao gênero, as mulheres, tanto na pré como na pós-intervenção, apresentaram índice de estresse em fases mais elevadas (quase exaustão e exaustão) do que os homens; por sua vez, neles há diminuição na manifestação do estresse. Nota-se que, após a intervenção realizada com o GPE, embora as mulheres permaneçam com estresse, o tempo em que permanecem nessa fase diminui. No geral, o GPC apresentou a maior diminuição na percentagem de estresse do que os outros dois grupos.

Evidenciou-se a alta percentagem nos níveis de estresse observados na amostra, independentemente do grupo, embora se tenha verificado o aumento no nível de significância no item "Sem estresse": de $p = 0,11$ para $p = 0,034$ na pós-intervenção.

Quanto à sintomatologia, os resultados observados em todos os participantes demonstraram predomínio de sintomas psicológicos sobre os sintomas físicos tanto na pré-intervenção como na pós-intervenção.

Entre a pré e a pós-intervenção notou-se modificação, para mais ou para menos, no número de profissões consideradas pelos participantes. O GPE apresentou mudanças não só no número das profissões consideradas, mas também na área profissional selecionada.

O GPC manteve praticamente os mesmos números de carreiras nas quais os participantes declaravam-se indecisos. Tanto o GPCO quanto o GPE apresentaram maior oscilação no número de profissões, inclusive com aumento no número de participantes que consideraram apenas uma só profissão na pós-intervenção.

Os alunos do GPE entendiam-se mais bem informados sobre a carreira na pós-intervenção, evidenciando aumento estatisticamente significante, com $p = 0,001$ quanto ao grau de informação sobre as profissões selecionadas por eles. Neste quesito, o GPC exibiu aumento de 40,6% para 59,3%, enquanto o GPCO apresentou diminuição de 55,5% para 44,4%, o que representa nível de significância de $p = 0,068$.

Os resultados apontaram que, em todos os grupos, os participantes conheciam pessoas próximas relacionadas a profissões selecionadas por eles. Os familiares foram identificados como pessoas formadas nas profissões escolhidas, seguidos pelos amigos, namorados e outros profissionais com quem eles têm contatos esporádicos.

Apesar de os familiares serem identificados como maioria das pessoas formadas em profissões eleitas, houve diminuição nessa percentagem no pré e pós-intervenção nos GPCO e GPE.

O ensino médio foi, de forma geral, citado pelos grupos como sendo o início da preocupação com a escolha profissional. O GPC apresentou uma característica singular, descrevendo que a preocupação com a escolha teve início no ano corrente, com $p = 0,068$ de significância, valor que, por estar próximo do limite de aceitação, a estatística indica ser significativo.

ESTRESSE NO COMPORTAMENTO DE ESCOLHA... 29

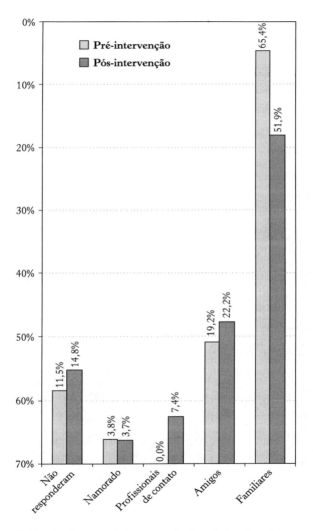

Gráfico 1 – Pessoas próximas às profissões selecionadas pelos participantes em todos os grupos.

Mesmo cursando o terceiro ano do ensino médio e prestes a enfrentarem o vestibular, 7,3% dos participantes na pré e 2,4% na pós-intervenção não expressaram qualquer preocupação com a escolha. Quanto à dificuldade para a tomada de decisão, 53,3% dos participantes do GPC demonstraram decisão sobre a profissão escolhida, número mantido na pós-intervenção. Para o GPCO e GPE, os números relativos à tomada de decisão foram próximos: sem pontuação na pré-intervenção para ambos e de 6,7% e de 9,1% na pós-intervenção, respectivamente.

Ressaltamos a mudança na percentagem do GPE no que diz respeito à proximidade da tomada de decisão: um aumento de 18,2% para 54,5% ao longo do processo ($p = 0,076$).

A Tabela 1 expõe, em resultados brutos, as características sobre a dificuldade para decidir de cada grupo separadamente e no geral.

Foram encontrados no GPE resultados limítrofes para correlação significativa dos sentimentos gerados pela tomada de decisão ($p=0,068$), sugerindo que, após a intervenção, os participantes tornaram-se mais seguros para escolher. Isso não foi verificado nos outros dois grupos. Outros resultados são:

ESTRESSE NO COMPORTAMENTO DE ESCOLHA... 31

Tabela 1 – Dificuldade para tomada de decisão

	Controle		Comparativo		Experimental		Geral	
Número de alunos	Pré 15	Pós 15	Pré 15	Pós 15	Pré 11	Pós 11	Pré 41	Pós 41
Muita dificuldade	0	1	2	4	3	1	5	6
Certa dificuldade	3	1	1	2	3	2	7	5
Está indeciso	1	2	6	3	3	1	10	6
Já está quase decidido	3	3	6	5	2	6	11	14
Já fez sua escolha	8	8	0	1	0	1	8	10

o aumento na percentagem segurança do GPCO de 40% para 53,3% e a diminuição na percentagem de insegurança de 33,3% para 20%. No GPC notou-se uma diminuição de 60% para 40% dos participantes que se consideram seguros para a tomada de decisão.

Quanto às mudanças no comportamento para obter sucesso no vestibular, os participantes se referiram às seguintes atitudes: modificação na quantidade de horas de estudo, estudar somente no momento da prova, atualizar-se, procurar tirar dúvidas, rezar, manter pensamentos positivos, prestar atenção à aula, ler obras sugeridas pelos vestibulares, controlar a ansiedade, relaxar e não manifestar nenhum comportamento que pudesse comprometer o desempenho no processo seletivo. O único comportamento apresentado pelo GPC que aumentou de frequência foi o estudar (p=0,068). Em relação à diminuição na frequência de comportamentos, o ato de rezar não mais se apresentou como resposta para todos os grupos.

Os participantes de todos os grupos apresentaram as duas maiores preocupações no momento em que o estudo foi realizado: o vestibular e a escolha certa, citados com frequências distintas. O GPE é o único que mantém a mesma percentagem de preocupação com o vestibular: 45,5%. Os grupos Controle e Comparativo apresentaram diminuição na percentagem de preocupação com o vestibular, de 80% para 66,7% e de 46,7% para 40%, respectivamente.

Quanto à preocupação com a escolha correta, o GPE foi o único grupo que aumentou a percentagem: de 18,2% para 36,4%. Tanto o GPC como o GPCO diminuíram seus valores, respectivamente, de 6,7% para 0% e de 40% para 20%. Notou-se ainda que o GPC, em relação aos outros dois grupos, exibiu a menor percentagem de preocupação com a escolha.

ESTRESSE NO COMPORTAMENTO DE ESCOLHA... 33

Resultados díspares foram encontrados em relação à preocupação com a escola e o estudo. O GPC sustenta 13,3% de preocupação no pré e na pós-intervenção; o GPCO não fez referência; e o GPE diminui sua preocupação de 45,5% para 9,1%, exibindo significância estatística, com p= 0,056.

O futuro não foi mencionado pelo GPE; inicialmente 6,7% do GPCO citou esse tema, mas teve percentagem nula na pós-intervenção. Em contrapartida, o GPC aumentou a percentagem para o tema para 13,3%.

Quanto à vontade de cursar faculdade, enquanto os participantes dos GPC e do GPCO mantiveram essa vontade em 93,3% na pré e na pós-intervenção, no GPE houve alteração na percentagem e nas respostas: na resposta "sim", baixou de 91,9% para 63,6%; e na resposta "talvez" subiu de 9,1% para 36,4%.

Os motivos apontados para cursar faculdade em outra cidade foram, em sua maioria, comuns aos três grupos: falta de opções na cidade, procura de melhores cursos, não gostar da cidade onde reside, vivenciar a independência, adquirir responsabilidade e conhecer pessoas, não havendo mudanças significativas em nenhuma das respostas. Além dessas, a resposta "mercado de trabalho" foi mencionada pelo GPCO, e "aprendizado", pelo GPC.

Em todos os grupos, as pessoas admiradas foram, em sua maioria, os pais, seguidos pelos familiares, amigos, professores e ídolos. Resultado significativo (p = 0,002), com redução de 72,7% para 9,1%, ocorreu no GPE em relação à admiração por figuras públicas. O foco maior de admiração destes jovens passou a ser pelas pessoas que fazem parte de sua realidade (círculo de amigos, familiares e contatos que possuem).

A rotina diária dos participantes não sofreu alteração. Foram mencionados nos três grupos: estudo à tarde, exercícios, curso de línguas, lazer, curso pré-vestibular ou curso técnico, aulas extracurriculares, namoro e descanso vespertino. O GPE exibiu sensível diminuição nas horas de estudo, com dado estatisticamente significante de p = 0,001.

Os resultados estatísticos entre estresse e as variáveis "insegurança para decidir" e "dificuldade para a tomada de decisão" revelaram dependência ou associação sempre na pós-intervenção, ou seja, o resultado estresse influenciou o resultado variável de escolha.

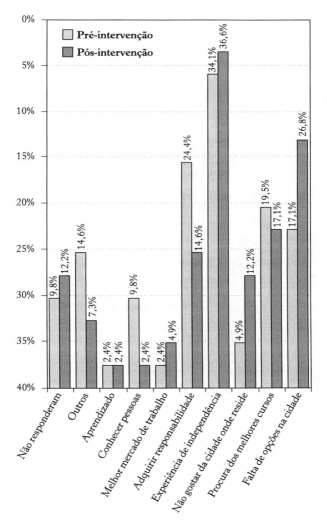

Gráfico 2 – Motivos para cursar faculdade em outra cidade nos três grupos.

Entre estresse e "insegurança para decidir" pode-se afirmar, a partir da análise estatística, que, quanto maior o nível de estresse, maior a insegurança para se escolher ($p = 0,019$). Neste sentido, a diminuição no estresse parece estar relacionada com a segurança na escolha da carreira em ambas intervenções.

Encontrou-se também relevância na dependência estatística entre estresse e "dificuldade para tomada de decisão" na pós-intervenção. Os resultados encontrados evidenciam que a dificuldade para escolher gera maiores níveis de estresse ($p = 0,009$) e vice-versa. Participantes que julgaram ter sua escolha decidida tiveram diminuição em seu grau de estresse.

2
Discussão

Os resultados do ISSL indicaram alta percentagem de estresse na amostra estudada e redução do estresse da pré-intervenção para a pós-intervenção. Os dados suportam a pesquisa de Seger-Jacob e Caballo (2001), que apontava índice de 70% de estresse em adolescentes brasileiros que cursam o terceiro ano do ensino médio.

Os resultados, quando considerado o gênero, também sustentaram as pesquisas de Calais, Andrade e Lipp (2003) e Hutz e Bardagir (2006): mulheres apresentaram maiores índices de estresse do que os homens.

Quando se atenta para os resultados gerais de todos os grupos em relação ao estresse, nota-se diminuição com significância estatística em seus níveis ao longo da intervenção. Porém, somente o GPC apresentou maior redução do estresse e, embora maior que nos outros dois grupos, ainda sem significância estatística. Esse resultado sugere diferentes interpretações dependendo da variável levada em conta. O tempo é, sem dúvida, uma variável importante a ser considerada em todos os grupos, pois no decorrer da intervenção não houve controle de quais interferências agiram sobre os jovens.

Mesmo sem estatística significante, outro resultado merece consideração: a redução do estresse do GPC em relação aos outros grupos sugere que nos grupos expostos à intervenção parece ter ocorrido uma manutenção do estresse.

Deve-se salientar que a maior redução de estresse do GPC indica que a intervenção realizada não contribuiu para que os níveis de estresse diminuíssem. Observa-se ainda que a redução maior de estresse desses participantes foi entre a fase de "Resistência" e a fase "Sem estresse", o que é comum em nosso cotidiano. Qualquer acontecimento diário pode levar os indivíduos a entrarem na fase de Resistência e, quando superado, há a suspensão do estresse.

Em relação aos grupos que realizaram intervenção podemos considerar que a menor variação nos níveis de estresse desses participantes pode ter sido pelo fato de que, quando se discute sobre determinada problemática, propicia-se aumento da ansiedade por causa do enfrentamento da situação exposta. Neste sentido, o processo de orientação profissional incita o jovem a pensar sobre sua escolha de forma global, desenvolvendo ou mesmo mantendo seu nível de estresse. Portanto, pode-se deduzir que o comportamento de escolha do adolescente não traz alívio em um primeiro momento; ou ainda, que pensar sobre a escolha pode predispor ao estresse.

No GPC, a diminuição do estresse talvez possa ser explicada pela observação da pré-intervenção: mais da metade dos estudantes diziam-se decididos em relação à profissão escolhida. Com o passar do tempo, essa decisão pode amenizar a ansiedade, como relata Bohoslavsky (1998). Além disso, a divisão dos grupos não foi realizada de modo pareado e sim randômico, o que não auxiliou na separação por níveis de estresse ou por quantidade de profissões já elencadas; disso resultaram diferenças significativas entre os grupos e dificuldades na comparação dos dados da pré e da pós-intervenção.

Alguns comentários de participantes do GPE, quando relataram estar próximos de uma decisão, ilustram nossa afirmação. O que se observa são indícios de uma diminuição do estresse quando o comportamento de escolha, de modo geral, começa a ser definido:

"Acabei descobrindo na orientação que eu não daria certo com a área de Biológicas, porque não combino com essa área. Acabei descobrindo o Turismo, isso foi bom *porque tirei um peso da consciência*".

"[...] descobri que arte é algo de que gosto, mas não está em primeiro plano na minha vida. Eu sei que Economia é o que quero e tenho grandes planos para o futuro. *A confusão já passou*".

"*Estou bem menos indeciso* que no começo, porque muitas dúvidas foram tiradas. Eu já sei mais ou menos o caminho que vou seguir [...]".

Atuar em orientação profissional com alunos que cursam o segundo ano do ensino médio é o melhor momento, uma vez que estão sujeitos a menos estressores que envolvem o processo da escolha.

A diminuição no nível de ansiedade se deve porque esses alunos ainda não se sentem pressionados a tomar uma decisão até o término do ano letivo. Além disso, aqueles que, mesmo participando do programa, não conseguirem atingir uma definição sobre a carreira, ainda terão mais um ano no ensino médio para concretizar sua seleção. Dessa forma, o apelo afetivo é mais ameno, favorecendo, de modo mais sereno, a leitura e a identificação das variáveis que compõem a escolha.

Este fato pode ser corroborado com os dados encontrados no GPCO, uma vez que o nível de estresse dos participantes, entre a pré e a pós-intervenção, variou menos dos que nos outros dois grupos. Isso pode indicar que a preocupação com a escolha está sendo somente aprimorada durante o terceiro ano do ensino médio. Isso só é possível dado o prévio embasamento sobre as variáveis do comportamento de escolha e a maior informação profissional conquistada durante o processo realizado no ano anterior.

Outras variáveis que não devem ser esquecidas são as relações familiares dos estudantes, a relação com estudo e com a escola, a própria decisão profissional e problemas outros do cotidiano que podem intervir na manifestação de uma sintomatologia de estresse.

Quanto à função de seus comportamentos de escolha, os grupos que participaram do processo conseguiram avaliar alguns componentes explícitos da interferência na escolha. Falas como "eu queria ser médica porque achava uma profissão bonita" podem ser discutidas com base na análise funcional do comportamento, com o intuito de o jovem compreender quais são as contingências que controlam seu comportamento.

Apesar da proximidade do vestibular e de muitos ainda não terem tido sucesso na escolha profissional, independentemente do grupo avaliado, os alunos não se engajaram em comportamentos adequados ou comportamentos que os direcionariam ao sucesso na prova.

Quantidade de horas de estudo, estudar somente no momento da prova, atualização, sanar dúvidas, orações, pensamentos positivos, leitura de obras sugeridas, controle de ansiedade, relaxamento e atenção à aula foram citados nas condições pré e pós-intervenções: porém o único comportamento sem significância que aumentou sua frequência foi o de estudar, apresentado pelo GPC.

O engajamento no estudo pode estar relacionado ao fato de que há uma grande percentagem de jovens do GPC que afirmaram saber a escolha no vestibular. Entretanto, os grupos Comparativo e Experimental não apresentaram características de escolhas realizadas, o que pode ter colaborado para a falta de aumento de frequência no comportamento de estudar.

Os dados também podem exibir o que parece uma mudança de foco: por um lado, o aluno, com atenção centrada no vestibular, não mais se preocupa com a escola nem com os conteúdos apresentados nas aulas. A escola, por seu lado, estimula a aprovação de seus alunos em vestibulares, o que comprovaria a excelência da instituição.

A pouca preocupação com o estudo ou a diminuição de tempo dedicado a ele, identificados principalmente nos grupos de intervenção, merece aqui uma consideração a respeito da época em que o estudo foi realizado. A pré-intervenção foi feita no mês de março, época em que as provas mensais do colégio já haviam sido aplicadas, o ano letivo estava no início e ainda era possível que estivesse presente o desejo de dedicação à escola e de comprometimento com o estudo.

A pós-intervenção foi realizada no último dia letivo anterior às férias de julho, depois das últimas provas bimestrais. Notou-se que os adolescentes pareciam cansados, despreocupados com o estudo e ansiosos pelo início das férias. Escolheu-se essa data por causa dos feriados e dos dias em que a escola ofereceu passeios e atividades extracurriculares no horário previamente combinado da orientação, fatos que estenderam a programação. Além disso, na época da intervenção, ocorria a Copa Mundial de Futebol, e a atenção dos estudantes estava bastante voltada para o torneio.

Para o comportamento de rezar, a frequência em todos os grupos foi nula na pós-intervenção. A presença dessa resposta na pré-intervenção pode ser entendida como um comportamento supersticioso em relação ao vestibular, como se a interferência de algo ou de alguém externo ao indivíduo pudesse influenciar no sucesso do aluno no vestibular.

O vestibular e a apreensão com a escolha profissional correta foram considerados pelos participantes dos três grupos como as maiores preocupações durante o desenvolvimento da pesquisa. O fato de somente os grupos que se submeteram à intervenção profissional (GPCO e GPE) mencionarem essa preocupação evidencia que o programa afeta os participantes quando são discutidos os aspectos que envolvem uma escolha adequada.

Assim, pode-se lançar a hipótese do porquê de o GPC atentar-se mais ao vestibular do que à própria escolha: provavelmente, para estes jovens, o sucesso nesse exame seletivo seja mais importante do que escolher corretamente a profissão. Além disso, devemos lembrar que grande parte da amostra desse grupo mencionou estar decidida pela profissão escolhida, o que igualmente justificaria a maior preocupação com o vestibular do que com a escolha. Nos casos dos grupos Comparativo e Experimental nota-se que, apesar da preocupação com o vestibular, a escolha correta parece ser vista com a mesma seriedade.

Além disso, deve-se mencionar que na pré-intervenção há um número maior que na pós-intervenção de participantes que comentaram não estar preocupados com a escolha, o que nos dá margem para duas interpretações: ou esses adolescentes não compreenderam o que uma escolha de carreira significa para suas vidas ou suas escolhas são realizadas de maneira serena e com certeza de suas opções.

Independentemente do grupo, Carmo e Costa (2005) afirmam que os estudantes pensam frequentemente em sua escolha profissional, pois o comportamento de escolher faz parte integrante de suas vidas. Oliveira, Pinto e Souza (2003) concluíram em seu estudo que os jovens conseguem pensar apenas nos eventos que estão vivendo no presente e que, a despeito disso, estabelecem expectativas coerentes em relação ao futuro pessoal e profissional. Segundo o estudo, os alunos pretendem ingressar no ensino superior, mas almejam inserir-se no mundo do trabalho de forma a obter satisfação pessoal e com a possibilidade da constituição de uma família. Frases identificadas no GPE podem ilustrar esta questão:

> Quero ser um bom profissional, ter um bom trabalho *para conseguir sustentar filhos que no futuro eu possa ter.*

> Quero ser alguém que faça não somente o seu trabalho simplesmente, *quero ser admirado, alguém com bastantes amigos e com uma família. Quero morrer, numa cama, bem velhinho, sem dor alguma e sem dar trabalho pra ninguém.*

> *Eu espero ser muito feliz e gostar do que eu escolher* como profissão. Espero que esta profissão

me dê uma *condição financeira boa para eu poder dar uma vida boa para a família que pretendo ter. Espero realizar todos os meus sonhos e poder morrer com tranquilidade e sem peso na consciência.*

A dificuldade de visualizar e planejar o futuro, própria do desenvolvimento do adolescente, faz com que eles deem ênfase aos comentários de indivíduos próximos e a considerar profissões com que mantêm contato.

Neste sentido, entende-se que os comentários dos familiares são importantes fatores de interferência na decisão do estudante. Os membros da família ganham ênfase em todos os grupos como aqueles que têm maior número das profissões conhecidas consideradas pelos participantes. Os pais são, em todos os grupos, as pessoas mais admiradas por eles, seguidos dos amigos. Esses resultados estão em consonância com Porto e Tamayo (2006) e Santos (2005), cujos trabalhos mostram que os pais são as figuras, os modelos e os agentes socializadores mais influentes no processo para que os adolescentes componham valores laborais.

Com relação aos comentários dos familiares quanto à escolha profissional, nota-se apenas no

GPC um número maior de jovens que relataram obter apoio dos familiares, entre a pré e pós-intervenção. As outras respostas citadas pelos estudantes foram comuns aos três grupos e não sofreram alteração durante a intervenção. Destacam-se as respostas: "apoio dos genitores nas carreiras comentadas pelos filhos", "conciliação entre gosto pessoal e dinheiro", "escolher o que gosta", "ter liberdade de escolha", "pensar bem para escolher", "observar o mercado de trabalho e a orientação quando solicitada". As classes de respostas "respeito" e "falta de apoio" não foram mencionadas pelo GPE; "pressão" não foi citada pelo GPC; "preferências claras por algumas profissões" não foi referida pelos participantes do GPCO; e "continuar o trabalho da família" (na empresa, seguir a carreira dos genitores) foi apontado somente pelos componentes do GPC.

Na referência das pessoas admiradas pela amostra, um professor de História do colégio foi mencionado com certa frequência. A justificativa inusitada para sua menção é que o professor apresenta-se aos alunos como alguém com conhecimentos amplos, ultrapassando os assuntos relacionados exclusivamente à disciplina que ministra. Os alunos referem-se a ele como uma pessoa culta, sábia, correta, con-

ESTRESSE NO COMPORTAMENTO DE ESCOLHA... **49**

siderando-o um modelo a ser seguido. Sem dúvida, esse professor constitui uma influência positiva ao longo do desenvolvimento do processo.

A diminuição do GPE em mencionar pessoas públicas e comentar com maior frequência a admiração por pessoas do convívio parece indicar mais um efeito do processo, visto que os alunos atentam--se mais à realidade e a características que lhes despertam interesse.

O fato de o GPC citar mais vezes o apoio dos familiares levanta duas hipóteses. A primeira poderia ser a de que, pela falta de participação na intervenção, não tenham percebido as influências que a escolha sofre, sejam elas positivas ou negativas. A segunda hipótese seria a de que, como o GPC apresenta um número maior de participantes decididos quanto à carreira na pré-intervenção, haveria maior apoio dos familiares diante da profissão eleita.

A percepção da influência e da pressão dos familiares pode ser demonstrada por algumas falas dos participantes do GPE:

> Meu irmão *diz para eu fazer Fisioterapia e eu não quero isso... minha mãe quer Medicina*, mas eu já disse que não.

Meus pais acham que tenho que escolher o que gosto porque dinheiro não traz felicidade.

Meus pais ficam cobrando uma decisão. Ficam falando que já estou no terceiro ano e não sei o que fazer.

Santos (2005) aponta que é na família que o adolescente busca apoio, sendo ela um entre os vários facilitadores ou dificultadores do processo de escolha, com papel importante em sua realidade, para que ele consiga traçar seu projeto de vida. É na família que o jovem encontra suporte emocional e financeiro para a realização de seu projeto. A autora menciona ainda que eles se atêm não apenas às influências familiares (como liberdade para escolher ou possibilidade de custeio do estudo), mas também à pressão e ao discurso ambíguo dos pais.

A alta significância quanto ao aumento na variável "informação" do GPE ressalta que, quando os estudantes participam do processo, deparam-se com informações precisas sobre as carreiras, um dos facilitadores do comportamento de escolha. Um comentário de participante das sessões sobre a informação profissional merece destaque: "Hoje tive certeza da profissão, só falta agora escolher as faculdades. *Sem dúvida as revistas e as pastas me ajudaram bastante"*.

Novamente os resultados do GPC devem ser considerados, pois o aumento de informação profissional pode significar um empenho maior em procurar sobre a profissão quando já se está decidido.

Para o GPCO, a diminuição sobre estar bem informado em relação à carreira pode significar que ainda há indecisão, apesar de terem se submetido ao programa. Isso levanta uma questão a ser considerada: conforme Bohoslavsky (1998), o adolescente, ao perceber-se no momento de decisão, elabora o luto pelas escolhas que deixou de lado. Isso pode gerar questionamentos sobre as profissões que descartou, retomada de algumas, ampliação da busca por autoconhecimento para que consiga refletir sobre as opções. É comum, antes de chegar a uma decisão final, que ele busque outras possibilidades de carreiras até então nunca mencionadas, como se testasse sua própria decisão.

Tanto o GPCO como o GPE apresentaram respostas que indicam maior segurança ao escolher. Para o GPE, houve aumento próximo do significativo, enquanto que para no GPCO também há aumento, embora sem significância estatística. O GPC, apesar de indicar características de decisão em várias respostas, mostrou diminuição nesse item.

A alteração no número de profissões consideradas e a variação de carreiras dos grupos Comparativo e Experimental merecem evidência, uma vez que foram os participantes desses grupos que se submeteram à intervenção profissional. Verificou-se no GPE que, além da redução nas profissões selecionadas, houve drástica mudança de carreiras. Exemplos podem ser citados como o da aluna que na primeira sessão de orientação profissional pensava em cursar Biomedicina e terminou o programa com a escolha pelo curso de Turismo. Outro participante estava indeciso entre Psicologia e Odontologia, mas optou por Administração; e ainda participantes que não tinham ideia de qualquer escolha a fazer e conseguiram finalizar os encontros com pelo menos uma área profissional definida.

Neste sentido, é fundamental apontar que os grupos que realizaram intervenção, sem dúvida, apresentaram um comportamento de escolha mais definido, principalmente em relação ao número de profissões consideradas por eles.

Houve maior oscilação no comportamento de escolha dos jovens dos outros grupos quando comparados ao GPC. A intervenção pareceu incitar nos adolescentes questionamentos diante de novas informações que obtiveram. Carmo e Costa (2005) ressaltam o papel da orientação profissional quando se atinge os objetivos da intervenção. De acordo com os autores, quando o programa de orientação profissional desperta os alunos para a tomada de decisão, coloca-os em uma fase de intensa construção e reconstrução de ideias, avaliando consequências positivas e negativas, para que então possam processar adequadamente a escolha vocacional.

Assim, os dados permitem a inferência que, independentemente do ano em que a intervenção é realizada, ela aumenta a segurança ao escolher. Isto só é plausível porque a intervenção busca dar conta do máximo de variáveis da qual o comportamento de escolha é composto, uma vez que possibilita ao aluno melhor conhecer suas fragilidades, potencialidades e características peculiares. Quando se discutem essas variáveis, pretende-se proporcionar a elaboração do comportamento de escolha com maior segurança.

O seguinte comentário de uma participante do GPE evidencia o autoconhecimento adquirido ao longo do processo: "Os encontros foram momentos em que *eu pude aprender mais sobre mim, sem medo de esconder nada*. Hoje não tenho mais medo de escolher".

A escolha de uma profissão não se restringe à seleção de uma carreira. Quando os estudantes percebem sua inclinação para determinadas profissões, a intervenção centra-se nas possibilidades que ele tem para cursar essa ocupação. A vontade de cursar uma faculdade ou universidade em outra cidade forneceu dados para serem abordados.

Os motivos para se cursar faculdade em outra cidade foram, em sua maioria, comuns aos três grupos: falta de opções na cidade, procura dos melhores cursos, não gostar da cidade onde reside, experiência de independência, adquirir responsabilidade e conhecer pessoas. Os GPC e GPCO não apresentaram alteração nem na pré nem na pós-intervenção: talvez a manutenção do número possa ser atribuída, no primeiro caso, à não avaliação das consequências e, no segundo, apesar da realização da avaliação, à ainda permanência no processo de escolha da carreira. O GPE diminuiu sua percentagem de respostas, pois considerou as possíveis consequências de sua escolha, como as melhores faculdades e as cidades onde o curso é oferecido.

ESTRESSE NO COMPORTAMENTO DE ESCOLHA... 55

Avaliar um processo de orientação profissional é algo, segundo Garbulho (2001) extremamente difícil, pois ao término dos encontros os jovens ficam sob controle de estímulos afetivos (gostar do grupo, da orientadora, das muitas profissões que conheceram) e avaliam o processo de forma positiva. O ideal, segundo ela, seria avaliá-los novamente após algum tempo decorrido para verificar se os resultados foram duradouros. Porém, a avaliação imediata do programa é necessária, uma vez que assinala dados que podem ser comparados futuramente em uma possível reavaliação.

Resultados apontados pelo GPE sobre a avaliação demonstram que os jovens apreciaram o processo, identificaram novas informações sobre carreiras, características pessoais, superação de obstáculos para a definição da escolha profissional, diminuição na insegurança para a realização da carreira, progresso na tomada de decisão, conhecimento de habilidades pessoais e melhora na autoconfiança.

Embora esses resultados sejam imediatistas e o fator tempo deva ser considerado como ressalva, é necessário destacar que o grupo aperfeiçoou seu autoconhecimento, verificando suas escolhas e adaptando-se às novas descobertas. O dado é suportado por pesquisas que apontam que o autoconhecimento é um importante preditivo da escolha da carreira (Bacanli, 2006). Esse dado deve ser mais uma vez ressaltado por evidenciar que o comportamento de escolher pode ser aprimorado por meio da intervenção em orientação profissional.

Quando se nota a relação de associação e/ou dependência significativa entre estresse e "dificuldade para decidir" e estresse e "insegurança para escolher" pode-se deduzir que essas variáveis do comportamento de escolha geram a sintomatologia de estresse anterior a qualquer intervenção, e o caminho inverso pode ocorrer quando então essa sintomatologia também poderia gerar "insegurança para escolher" e "dificuldade para decidir".

Salienta-se que a "dificuldade para decidir" foi minimizada no GPE. Tanto no GPE como no GPCO tiveram diminuição de respostas para "insegurança para escolher", o que pode levar à conclusão de que a orientação profissional talvez exerça papel positivo em relação ao estresse no processo de tomada de decisão.

Em relação à variável de "informação profissional e estresse", o teste Qui-Quadrado não encontrou relação de dependência e/ou associação estatística na pré ou na pós-intervenção. Neste sentido, a informação profissional na amostra pode não interferir no nível de estresse apresentado pelos participantes.

O dado pode ainda ter outra explicação: os adolescentes julgam saber sobre muitas carreiras. Essa posição é revista quando, em sessões de orientação, os participantes ampliam seu conhecimento de muitas profissões e de características que, na maioria das vezes, não supunham existir. Ou ainda: quando uma profissão sobre a qual acreditavam ter conhecimento apresenta novas informações, os alunos modificam totalmente o rumo de suas escolhas. A informação profissional pode ser adquirida facilmente, sem depender de outras pessoas para alcançá-la; entretanto, a segurança e a decisão são comportamentos mais complexos que dependem de outros comportamentos e indivíduos para serem modificados.

Conclusões

O comportamento de escolha, além de ser composto por muitas variáveis, o que o torna difícil de ser definido e sistematizado, é também pouco estudado pela Psicologia. E, apesar de a escolha do adolescente ser amplamente divulgada pela mídia, pelos cursos pré-vestibulares e pelas escolas particulares, a especulação a esse respeito é, muitas vezes, realizada sem respaldo de pesquisas científicas. Comentar que o vestibular causa estresse, que os pais interferem ou pressionam na escolha e que a opção por algumas carreiras promove maior ansiedade nos jovens do que outras são apenas dados obtidos por meio de uma leitura do cotidiano.

O aumento de pesquisas na área de escolha e orientação profissional seria de grande importância social por possibilitar melhor entendimento do adolescente e de seus pais diante da escolha da carreira. O esclarecimento permitiria que se amenizassem os comportamentos aversivos a que jovens são expostos quando precisam decidir-se sobre a futura carreira. O treinamento de pais, por meio de grupos de apoio, palestras e orientações no próprio estabelecimento escolar, auxiliaria de modo positivo a escolha da carreira do filho, pela transmissão de valores e pela elaboração de programas socioinstituicionais que busquem incentivar a participação desses pais.

Ensinar comportamentos adequados de como os pais deveriam auxiliar seus filhos no processo de escolha da carreira evitaria o desencadeamento de ansiedade em estudantes; e possibilitar programas de orientação profissional ao adolescente seria oportunizar o amadurecimento da escolha e a prevenção de respostas negativas ao optar por uma profissão. Chamar a atenção para os efeitos benéficos do processo de orientação dos jovens e até mesmo dos pais que acompanharam seus filhos durante essa etapa pode ser nossa maior contribuição. Por exemplo: a mãe de uma orientanda do GPE, depois dos exames

ESTRESSE NO COMPORTAMENTO DE ESCOLHA... 61

vestibulares, ao ter sua filha aprovada em algumas faculdades, procurou a pesquisadora com o intuito de agradecer pelo trabalho realizado. De acordo com ela, quando a filha mencionara que prestaria Ciências Biológicas, essa mãe ficou extremamente preocupada, pois não identificava na filha as características necessárias para atuar naquela área. Quando, terminado o programa de orientação profissional, a filha decidiu-se por Turismo, a mãe expressou alívio por entender que os interesses da filha eram compatíveis com a descrição da carreira e expressou gratidão e reconhecimento pelo trabalho realizado.

Outra situação aconteceu no próprio estabelecimento escolar onde o programa foi realizado. Os alunos matriculados no segundo ano do ensino médio e os do curso pré-vestibular procuraram, em vários momentos, a direção da escola para que o processo fosse estendido aos demais alunos. Segundo os alunos, o GPE que participou da pesquisa apontava bons resultados em relação às escolhas realizadas.

Apesar dos resultados encontrados, a amostra dos três grupos foi insuficiente para afirmar que a escolha profissional estresse. Há indícios que alguns componentes do comportamento de escolha desencadeiam maior estresse que outros, como "segurança e estresse" e "indecisão e estresse". Para tanto, seria necessário, além do aumento da amostra estudada, realizar um estudo sobre o comportamento de escolha e suas muitas variáveis de modo independente. Assim, poder-se-ia mensurar o nível de estresse de cada participante e as variáveis que interferem na escolha, como, por exemplo: as profissões que causam maior estresse, a influência do nível socioeconômico na escolha e o quanto esse fator estressa, a liberdade de escolha, a família, entre outros muitos fatores.

Ainda nesse âmbito, é fácil identificar os altos índices de estresse que os jovens apresentaram, independentemente de sua relação com a escolha profissional. A pesquisa ofereceu um recorte da situação estressante que os estudantes do ensino médio vivenciam em sua adolescência, fato bastante preocupante, uma vez que há poucos estudos nessa área e, principalmente, atuação ineficiente por meio de programas de prevenção.

A condição da aplicação da intervenção em uma escola particular, que apresenta forte preocupação com o desempenho de seus alunos no vestibular, é um fator que pode ter interferido nos resultados apresentados. Questiona-se que, se o mesmo estudo fosse realizado em uma escola pública, o nível de estresse dos participantes seria o mesmo. Ainda que o resultado encontrado fosse semelhante, esse dado poderia também não obedecer à mesma função da amostra da escola particular.

A pesquisa foi realizada com uma amostra de 41 adolescentes, número de participantes que não permitiu generalizar de forma concludente se o processo de orientação profissional auxilia no controle do estresse ou se é uma ferramenta que favorece o processo de escolha. No entanto, os dados indicam tal direção. A informação obtida pela escola de que todos os participantes do GPE inscreveram-se no vestibular de acordo com as carreiras selecionadas durante o programa é exemplo disso. Alguns, após sua aprovação nos vestibulares, relataram estar satisfeitos e felizes com suas escolhas.

Entende-se, por fim, que o estudo realizado contribuiu para a pesquisa científica, expondo a dificuldade de se definir, identificar e intervir no comportamento de escolha profissional do adolescente, e que as intervenções realizadas por meio da orientação profissional parecem apontar um caminho para o alívio de sintomas aversivos experienciados por jovens brasileiros.

Diagnosticar a problemática da indecisão profissional requer uma intervenção em orientação profissional, organizada com sensibilidade e empatia do profissional, para compreender esse período difícil do adolescente e as muitas interferências sofridas ao longo do processo de escolha. Listar as variáveis que influenciam o comportamento e intervir de modo adequado nesta problemática podem ser o início de uma atuação responsável e consistente do psicólogo.

Neste sentido, levar o programa de orientação profissional para outras escolas particulares e públicas poderia significar a prevenção do estresse e a contribuição para escolhas adequadas de jovens do ensino médio. Isso futuramente contribuiria para a formação de melhores profissionais mais satisfeitos com suas atividades.

A amostra estudada, tema do presente livro, leva-nos a refletir sobre a realidade educacional e o processo de escolha da profissão na fase do desenvolvimento humano entendida como adolescência. O que se conclui é que só uma ação conjunta entre os profissionais de psicologia como orientadores e todos os demais envolvidos no processo educativo, como parceiros ativos, poderia levar a resultados mais seguros nessa área e, quem sabe, menos conflituosos para os jovens. Neste sentido, o árduo processo de escolha da carreira poderia tornar-se menos sofrível aos estudantes e lhes proporcionaria melhor desenvolvimento de suas potencialidades.

REFERÊNCIAS BIBLIOGRÁFICAS

BACANLI, F. Personality characteristics as predictors of personal indecisiveness. *Journal of career development*, Missouri, v. 32, n. 4, p. 320-332, jun. 2006.

BOHOSLAVSKY, R. *Orientação vocacional:* a estratégia clínica. São Paulo: Martins Fontes, 1998.

CALAIS, S. L.; ANDRADE, L. M. B.; LIPP, M. N. Diferenças de sexo e escolaridade na manifestação de *stress* em adultos jovens. *Psicologia:* reflexão e crítica, Porto Alegre, v. 16, n. 2, p. 257-263, maio 2003.

CARMO, M.; COSTA, E. S. Rumo ao futuro: a influência de um programa de orientação nas competências de tomada de decisão vocacional de alunos do 9° ano de escolaridade, 2005. Disponível em <www.psicologia. com.pt/artigos/textos/A0239.pdf> Acesso em: 30 maio 2006.

GARBULHO, N. F. *Processo de orientação profissional:* avaliação de uma concepção de ensino sob a ótica do ex-orientando. Marília, 2001. 277 p. Tese (Doutorado em Educação) – Faculdade de Filosofia e Ciências, Universidade Estadual Paulista.

GERMEIJS, V.; VERSCHUEREN, K. High school students'career decision-making process: a longitudinal study of one choice. *Journal of vocational behavior*, [S.I.] v. 68, n. 2, p. 189-204, abr. 2006.

GONZÁLEZ-ROMÁ, V. et al. *Burnout* and work engagement: independent factors or opposite poles? *Journal of vocational behavior*, [S.I.] v. 68, n. 1, p. 165-174, jan. 2006.

HUTZ, C. S.; BARDAGIR, M. P. Indecisão profissional, ansiedade e depressão na adolescência: a influência dos estilos parentais. *PsicoUSF*, Itatiba, v. 11, n.1, p. 65-73, jun. 2006.

KOHAN, N. C. Vocational choice as a source of *stress*. *Interdisciplinaria*, Buenos Aires, n. esp., p. 75-86, 2004

LEVENFUS, R. S. Geração *zapping* e o sujeito da orientação vocacional. In: LEVENFUS, R. S.; SOARES, D. H. P. (Orgs.). *Orientação vocacional ocupacional:* novos achados teóricos, técnicos e instrumentais para a clínica, a escola e a empresa. Porto Alegre: Artmed, 2002, p. 51-60.

LIPP, M. E. N. O modelo quadrifásico do *stress*. In: _____. (Org.). *Mecanismos neuropsicofisiológicos do stress:* teoria e aplicações clinicas. São Paulo: Casa do Psicólogo, 2003, p. 17-21.

_____. *Manual do inventário de sintomas de stress para adultos de Lipp (ISSL)*. São Paulo: Casa do Psicólogo, 2000.

LIPP, M. E. N.; MALAGRIS, L. E. N. O *stress* emocional e seu tratamento. In: RANGE, B. (Org.). *Psicoterapias cognitivo-comportamentais:* um diálogo com a psiquiatria. Rio de Janeiro: Artes Médicas, 2001, v. 1, p. 475-490.

LUCCHIARI, D. H. P. S. *Pensando e vivendo a orientação profissional*. 2. ed. São Paulo: Summus Editorial, 1993.

ESTRESSE NO COMPORTAMENTO DE ESCOLHA... 69

MELO-SILVA, L. L Avaliação de processos e resultados em orientação profissional no Brasil. *Anais Lisbon International Conference*. Lisboa, 2005.

MINAYO, M. C. S. (Org.). *Pesquisa social:* teoria, método e criatividade. 9. ed. Petrópolis: Vozes, 1998.

MOURA, C. B. *Orientação profissional sob o enfoque da análise do comportamento.* Londrina: Alínea, 2004.

MOURA, C. B et al. Avaliação de um programa comportamental de orientação profissional para adolescentes. *Revista brasileira de orientação profissional*, Ribeirão Preto, v. 6, n. 1, p. 25-40, 2005.

MURTA, S. G.; TROCCOLI, B. T. Avaliação de intervenção em estresse ocupacional. *Psicologia: Teoria e Pesquisa*, Brasília, v. 20, n. 1, p. 39-47, jan./abr. 2004.

NASCIMENTO, R. S. G. F. Adolescência, identidade e escolha profissional: relato de uma experiência e seu referencial teórico. *Psicologia em revista*, São Paulo, v. 13, n. 1, p. 31-39, maio 2004.

NEIVA, K. M. C. *Entendendo a orientação profissional.* São Paulo: Paulus, 1995.

NORONHA, A. P. P.; AMBIEL, R. A. M. Orientação profissional e vocacional: análise da produção científica. *PsicoUSF*, Itatiba, v. 11, n. 1, p.75-84, jun. 2006.

OLIVEIRA, M. C. S. L.; PINTO, R. G.; SOUZA, A. S. Perspectivas de futuro entre adolescentes: universidade, trabalho e relacionamentos na transição para a vida adulta. *Temas em Psicologia da SBP*, Ribeirão Preto, v. 11, n. 1, p. 16–27, 2003.

PINHEIRO, P. L.; MEDEIROS, J. G. Programa de orientação profissional: uma análise comportamental. *Revista Brasileira de Orientação Profissional*, Ribeirão Preto, v. 5, n. 1, p.103-105, jan. 2004.

PORTO, J. B.; TAMAYO, A. influência dos valores laborais dos pais sobre os valores laborais dos filhos. *Psi-*

70 PATRÍCIA BERGANTIN SOARES PAGGIARO

cologia. Reflexão & Crítica, Porto Alegre, v.19, n.1, p.151-158, jun. 2006.

SANTOS, L. M. M. O papel da família e dos pares na escolha profissional. *Psicologia em Estudo*, Maringá, v. 10, n. 1, p. 57-66, jan.-abr. 2005.

SEGER-JACOB, L.; CABALLO, V. Diferencias entre estudiantes brasileños y españoles en la percepción de estímulos vitales estresantes. In: ZAMIGNANI, D. (Org.). *Sobre o comportamento e cognição*: aplicação da análise do comportamento no hospital geral transtornos psiquiátricos. Santo André: ESETec Editores Associados, 2001, v. 3, p.107-118.

SELYE, H. *The stress of life*. Nova Iorque: McGraw-Hill, 1956.

SOARES, D. H. P. Como trabalhar a ansiedade e o estresse frente ao vestibular. In: LEVENFUS, R. S, SOARES, D. H. P. & COLS. (Orgs.). *Orientação vocacional ocupacional*: novos achados teóricos, técnicos e instrumentais para a clínica, a escola e a empresa. Porto Alegre: Artmed, p. 337-356, 2002.

SPARTA, M. O desenvolvimento da orientação profissional no Brasil. *Revista brasileira de orientação profissional*, São Paulo, v. 4, n 1/2, p. 1-11, abr. 2003.

WHITAKER, D. *A escolha da carreira e globalização*. São Paulo: Moderna, 1997.

SOBRE O LIVRO

Formato: 12 x 21 cm
Mancha: 18,8 x 34,8 paicas
Tipologia: Horley Old Style 11/17
Papel: Offset 75 g/m² (miolo)
Cartão Supremo 250 g/m² (capa)
1ª edição: 2011

EQUIPE DE REALIZAÇÃO

Coordenação Geral
Marcos Keith Takahashi